Para

De

Texto por Sophie Piper
Ilustraciones © 2005 por Estelle Corke.

La edición original fue publicada en inglés con el título
My Story Time Bible por Lion Hudson plc, Oxford, Inglaterra.

EDITORIAL PORTAVOZ
2450 Oak Industrial Dr. NE
Grand Rapids, Michigan 49505 USA
Visítenos en: www.portavoz.com

ISBN: 978-0-8254-1963-8

Impreso y encuadernado en China
Printed and bound in China

Historias favoritas de la BIBLIA

Narrado por Sophie Piper *Ilustrado* por Estelle Corke

EDITORIAL PORTAVOZ

Contenido

Historias del Antiguo Testamento

Contenido

Historias del Nuevo Testamento

Dios crea el mundo

Imagínate una noche oscura y tempestuosa.

Imagínate un mar oscuro y tempestuoso.

Antes que el mundo comenzara, solo había oscuridad y tormenta.

Entonces Dios habló: «Que haya luz».

La luz brilló. Dios había creado el primer día.

El segundo día, Dios habló de nuevo: «Que haya cielo arriba y mar abajo». Y así fue.

«Ahora —dijo Dios—, quiero tierra y también mar».

De inmediato apareció la tierra. Empezaron a crecer plantas; algunas eran pequeñas, otras eran altas.

«He trabajado tres días, y todo es muy bueno», dijo Dios.

El cuarto día, Dios hizo el sol. «Debes brillar durante el día», dijo Dios.

«Luna y estrellas: quiero que brillen en la noche».

El universo entero hizo lo que Dios ordenó.

Temprano en la mañana del quinto día, Dios hizo toda clase de criaturas marinas. Vinieron saltando y jugueteando en las olas.

Luego Dios hizo los pájaros. Aleteaban y volaban en el aire fresco.

El sexto día, Dios hizo los animales; toda clase de animales asombrosos.

«Por último —dijo Dios—, voy a crear seres humanos. Ellos cuidarán mi mundo».

Los seis días de creación habían terminado. Era hora de un día de descanso.

El primer hombre se llamó Adán.

La primera mujer se llamó Eva.

Dios les dio un huerto como hogar.

—Todo es para ustedes —dijo Dios—. Solo hay un árbol que no deben tocar. Si comen su fruto, todo saldrá mal.

Adán y Eva vivían felices en su hogar que era un paraíso.

Un día, una serpiente vino y le habló a Eva.

—¿Dijo Dios que no deben comer el fruto que hay aquí? —preguntó.

—Solo el fruto de un árbol —contestó Eva—. Si lo comemos, todo irá mal.

La serpiente giró y se retorció.

—¡Eso no es cierto! —dijo—. El fruto les volverá tan sabios como Dios. Adelante. ¡Pruébalo!

Eva se estiró. Tomó el fruto prohibido. Lo probó.

—Es bueno —dijo—. Se lo daré a probar a Adán.

Adán tomó un bocado. Luego él y Eva se miraron.

—¡Ay! —exclamaron.

—Los dos estamos desnudos —dijo Eva.

—Y ahora, por primera vez, parece que eso está mal —dijo Adán.

Pasaron el día cosiendo vestidos con hojas. Entonces oyeron que Dios venía. Se escondieron entre los árboles.

Dios los llamó.

Dios los encontró.

Dios vio lo que había pasado, y se puso triste.

—Ahora todo debe cambiar —dijo Dios—. Deben despedirse del paraíso. Deben salir al amplio mundo. Allí trabajarán para conseguir todo lo que necesitan.

Dios hizo vestidos para Adán y Eva. Salieron tristes del huerto.

Al mirar hacia atrás, vieron a un ángel con una espada. La espada destellaba al moverse de un lado a otro. No podían regresar nunca más al huerto.

Miraron lo que tenían delante.

—Aquí hay muchas malezas —dijo Adán—. Pero si trabajamos duro, podemos sembrar y cosechar. Lo lograremos.

Eva se limpió una lágrima.

—Es triste no ser amigos de Dios —dijo—. Espero que un día este error se solucione.

Noé y el diluvio

Hace mucho tiempo, vivía un hombre llamado Noé. Él y su esposa tenían tres hijos. Cada hijo tenía una esposa.

«Tal vez pronto tenga nietos», se dijo Noé a sí mismo.

Empezó a soñar con un futuro feliz.

Mientras Noé estaba sentado soñando, oyó una voz.

—Estoy muy triste —dijo la voz—. Creé un mundo bueno, pero ahora las personas hacen cosas muy malas.

«¿Quién habla? —se preguntó Noé—. ¿Será acaso el que creó el mundo? ¡Oh! ¡Debe ser Dios!».

—Quiero empezar el mundo otra vez —dijo Dios a Noé—. Quiero que me ayudes.

Noé escuchó atentamente todo lo que Dios le dijo.

Luego Noé fue a hablar con su familia.

Les dijo:

—Dios quiere que construyamos un barco. Un barco muy grande. Dios me ha dado instrucciones y muchas medidas. Ahora, para empezar, tenemos que recoger madera muy resistente…

Empezaron a trabajar. Juntos construyeron un barco con tres cubiertas y una puerta. Pusieron brea por fuera para que no entrara el agua.

—Ahora debemos ir a buscar a los animales —dijo Noé—. Una mamá y un papá de cada especie.

¡Qué trabajo! ¡Qué trabajo tan ruidoso!

—También necesitamos comida —dijo Noé—. Comida para nosotros y comida para los animales.

¡pío, pío, pío!

Al fin terminaron su trabajo.

Todos estaban a salvo a bordo, con todo lo necesario.

Dios cerró la puerta.

La lluvia empezó a caer.

Plic, plic. Ploc, ploc.

¡Chap, chap! ¡Chop, chop!

Pronto empezó a caer un aguacero.
Ran rataplán, tantarán, tantarantán.

Llovió y llovió, y llovió y llovió.
Las aguas empezaron a subir.
Subieron más y más. Y más.

—Mira —dijo la esposa de Noé—, el mundo entero es como un mar gigantesco.

—Y solo quedamos nosotros —dijo Noé.

Noé miró abajo al agua gris.

Miró arriba al cielo gris.

—Espero que Dios no se haya olvidado de nosotros —dijo Noé.

Dios no se había olvidado. Dios envió un viento que sopló y sopló.

Sss, sss, sss.

Gota a gota, el diluvio empezó a bajar hasta que un día…

¡PUM!

—Hemos tocado tierra —anunció Noé—. En alguna parte.

Al poco tiempo, vieron que estaban en la cima de una montaña.

Noé envió un cuervo desde el barco.

Aleteó y aleteó, y se alejó volando.

—Lo intentaré de nuevo —dijo Noé.

Envió una paloma desde el barco. La primera vez, salió, voló lejos y regresó. La segunda vez que salió, la paloma regresó con una rama de olivo.

Todos en el arca lo celebraron.

—El diluvio ha terminado —dijo Dios—. Dejen salir a los animales. Díganles a todos que tengan sus familias. Quiero que llenen el mundo otra vez.

Todos salieron. ¡Qué ruido!

—Ahora es tu turno de salir —dijo Dios a Noé—. Tú y tu familia deben construir casas nuevas para vivir. Deben volver a llenar el mundo de personas.

Afuera, en el mundo limpio y radiante, Noé y su familia tuvieron una gran fiesta.

—Miren —dijo Dios—. He puesto un arco iris en el cielo. Es la señal de mi promesa. Nunca más volveré a inundar el mundo.

Noé sonrió. Ahora él sabía que siempre habría verano e invierno.

Siempre habría un tiempo para sembrar semillas y otro para recoger las cosechas.

El mundo de Dios sería el hogar para sus nietos, y para sus bisnietos… para todos.

Moisés y la princesa

Miriam sonrió a su nuevo hermanito.

—Es muy especial, ¿no es así? —dijo a su madre.

—Muy especial —contestó su madre.

—Juntas debemos cuidarlo muy bien.

Había un problema. Miriam y su familia eran israelitas. Hacía muchos años, los egipcios habían invitado a los israelitas a vivir en Egipto. Pero ahora eran muchos, y los egipcios les tenían miedo.

Los hicieron trabajar como esclavos.

El rey dictó una ley que mandaba arrojar al río a todos los bebés varones israelitas. Sus soldados pasaban muchas veces vigilando.

La madre de Miriam hizo una canasta con juncos. La cubrió con brea a prueba de agua. Puso al bebé en la canasta, y bajó al río.

Escondió entre los juncos al bebé en la canasta.

Miriam se escondió cerca para ver qué pasaría.

La hija del rey de Egipto bajó al río a bañarse. Sus siervas se quedaron en la orilla.

De repente, la princesa vio la canasta.

—Por favor, tráemela —dijo—. Quiero saber qué hay adentro.

Cuando la princesa levantó la tapa, vio al bebé.

—¡Pobrecito! ¡Está llorando! —dijo—. Es un bebé israelita. Alguien quiere salvarlo. Quisiera quedarme con él.

Miriam se acercó. Habló con valentía.

—Si quiere, puedo buscar una mujer israelita que se lo cuide.

—Sí, por favor —respondió la princesa.

Miriam corrió a casa y llamó a su madre.

—Ven pronto —dijo—. La princesa encontró a nuestro bebé. Quiere quedarse con él. Y necesita a alguien que lo cuide.

Las dos corrieron tan rápido como pudieron. La princesa le entregó a la madre su propio bebé.

—Por favor, cuídamelo —dijo—. Te pagaré. Cuando el niño sea mayor, vendrá y vivirá en el palacio.

—Su nombre… —empezó la madre.

—Oh, sí… ¿qué nombre le pondré? —dijo la princesa—. Ya sé: Moisés.

Moisés creció y se convirtió en príncipe. Vivió con los egipcios.

Era rico y poderoso.

Pero sabía que en realidad era un israelita.

Se enojó mucho por la manera en que trataban a su pueblo. Eso le causó problemas, y tuvo que huir.

En el desierto lejano, Moisés se convirtió en pastor. Un día vio algo extraño: un arbusto ardía en fuego, pero no se quemaba.

El fuego era una señal de que Dios estaba allí. Dios habló con Moisés.

—Quiero que rescates a mi pueblo. Dile al rey de Egipto que los deje salir libres.

Moisés fue y le pidió a su hermano Aarón que le ayudara. Juntos fueron a ver al rey de Egipto.

—Si no dejas ir a nuestro pueblo, Dios enviará toda clase de problemas —imploraron.

—No —dijo el rey—. No, no, no y no.

Vino un desastre después de otro: ranas que saltaban por todas partes, moscas que zumbaban por todas partes, langostas que lo devoraban todo. El rey no cambió de opinión.

Los problemas empeoraron. El rey cambió de opinión. Moisés guió a su pueblo fuera de Egipto, lejos del rey cruel.

De repente, el rey volvió a cambiar de opinión.

—¡Rápido! —dijo a su ejército—. Vayan en sus carros lo más rápido que puedan. Vayan y tráiganlos de vuelta.

Los israelitas vieron al ejército que los perseguía.

Vieron el mar frente a ellos.

Moisés levantó su vara, y Dios abrió un camino para ellos en medio del mar.

A salvo en la otra orilla, Miriam danzó y tocó la pandereta.

«Dios nos ha salvado», cantó, y todos se unieron al canto.

David y Goliat

David era el más joven de su casa. Como todos, tenía que ayudar en la granja de la familia.

Su trabajo era cuidar las ovejas.

Mientras las cuidaba, le gustaba cantar. A veces tocaba su arpa.

A veces practicaba tirando piedras con su honda.

Era un buen tirador.

Tenía que serlo, porque a veces venían animales salvajes y trataban de llevarse a sus ovejas.

David les lanzaba piedras para ahuyentarlos.

Un día, el padre de David le hizo un encargo.

—Tus hermanos han estado lejos sirviendo en el ejército del rey durante mucho tiempo. No les queda mucha comida. Aquí hay pan y queso para llevarles.

David fue. Encontró a los soldados en fila, listos para pelear.

David se apresuró a buscar a sus hermanos.

Al otro lado del valle, un soldado enemigo avanzaba hacia ellos.

Tenía puesta una armadura pesada. Llevaba una lanza enorme.

—¡Yo soy Goliat! —gritaba el soldado enemigo—. ¡Vengan y peleen conmigo! Si me vencen, ganarán la guerra. Si pierden, se convertirán en nuestros esclavos. ¡Ja, ja, ja! ¡Ja, ja, ja! ¡Ja, ja, ja!

Los soldados del rey empezaron a correr.

—¡Mírenlo! —se decían unos a otros—. ¿Peleará alguien con ese soldado gigante? El rey dará una gran recompensa al hombre que lo haga.

—¡Cuéntenme más! —dijo David emocionado—. No debemos temer. Somos el pueblo de Dios.

Uno de los hermanos de David le oyó hablar.

—¡Mocoso impertinente! —dijo—. Deberías estar en casa con las ovejas.

David siguió haciendo preguntas. Alguien le llevó a ver al rey Saúl.

—Su Majestad —dijo David—. Nadie debe temer a ese soldado. Yo iré y pelearé con él.

Saúl suspiró.

—¡Eres apenas un niño! —dijo.

—Yo puedo pelear con osos y leones —dijo David—. No permito que se lleven mis ovejas.

Al final, el rey dejó ir a David. Él tomó su vara y su honda.

Se detuvo junto a un río y tomó cinco piedras lisas.

Goliat bajó marchando. Su escudero marchaba delante de él.

—¡Ven! ¡Ven y pelea! —se burlaba Goliat—. ¡Serás una cena deliciosa para los buitres!

David se acercó.

—Tú tienes una espada, una lanza y una jabalina —exclamó—. Pero yo confío en Dios.

Luego puso una piedra en su honda y empezó a girarla por encima de su cabeza.

Lanzó la piedra.

Golpeó con fuerza a Goliat. El gigante cayó.

El ejército que estaba detrás de David lo celebró. «¡Hemos ganado! ¡Hemos ganado!».

El ejército enemigo que estaba delante de David empezó a huir. El ejército de Saúl los persiguió todo el camino hasta sus propias ciudades.

David se convirtió en un soldado famoso. Ganó muchas batallas para su pueblo.

Cuando el rey Saúl murió, David se convirtió en el nuevo rey.

Tenía un palacio hermoso y era muy rico.

No tenía que preocuparse por las ovejas ni por los animales salvajes.

Aún le gustaba cantar y tocar el arpa. Y seguía confiando en Dios.

«Escribiré una canción —se dijo a sí mismo—. Contará a todos acerca de Dios y su bondad».

Querido Dios, tú eres mi pastor,
tú me das todo lo que necesito,
tú me llevas donde la hierba
crece verde
y puedo comer en paz.

Tú me llevas donde las aguas
son tranquilas, frescas, y limpias;
y allí descanso y sé que estoy seguro
porque tú estás siempre cerca.

Jonás y la ballena

Jonás era un profeta. Cuando Dios hablaba, Jonás escuchaba. Y luego le contaba a otros el mensaje de Dios.

Un día, Dios le pidió a Jonás que hiciera algo.

—Ve a Nínive. La gente de allí hace cosas malas. Diles que yo me he dado cuenta de lo mal que se portan.

Jonás se enojó.

—Eh… —dijo—. Las personas de Nínive son nuestros enemigos.

«En realidad —dijo para sí—, no iré».

Jonás sabía cuál era el camino que llevaba a Nínive, pero tomó el camino contrario, hacia una ciudad llamada Jope.

En el muelle había un barco. Estaba listo para zarpar a España.

«¡Iré allá!», decidió Jonás.

Pagó su pasaje y subió a bordo.

Esa noche, se desató una tormenta.

FFSSHH, rugía el viento.

¡PAF!, golpeaban las olas.

—¡Auxilio, nos hundimos! —gritaban los marineros—. ¡Auxilio! ¡Auxilio!

El capitán encontró a Jonás dormido.

—¡Levántate y ora! —le ordenó—. Pide a tu Dios que nos salve.

Todos los marineros estaban orando, pero la tormenta se puso peor.

—Un Dios poderoso está enojado con alguno de nosotros —dijo un marinero—. Echemos suertes para descubrir quién es.

Era Jonás.

—Lo siento —dijo—. Estoy huyendo de Dios. Tendrán que echarme al mar.

Los marineros trataron de llevar el barco hasta la orilla, pero no pudieron.

Gritaron al cielo.

—Oh, Dios, seas quien seas, perdónanos. ¡Por favor no nos culpes por esto!

Luego tomaron a Jonás y lo lanzaron al mar.

¡Paf!

El pequeño barco siguió navegando seguro.

Jonás se hundió muy profundo en el agua, entre algas y peces.

Entonces…

glup

«Oh —dijo Jonás—. Pensé que era mi fin. Pero de repente todo ha cambiado. Creo que me ha tragado un pez enorme. Debe ser un milagro. Bueno… en ese caso, mejor me pongo a orar».

Empezó a orar:

«Gracias Dios por salvarme. Lo siento mucho. Por favor, permíteme vivir y haré lo que tú quieres».

Esperó y esperó y esperó. Luego sintió que lo lanzaban fuera.

«¡Auxilio!», exclamó.

El pez escupió a Jonás en la playa.

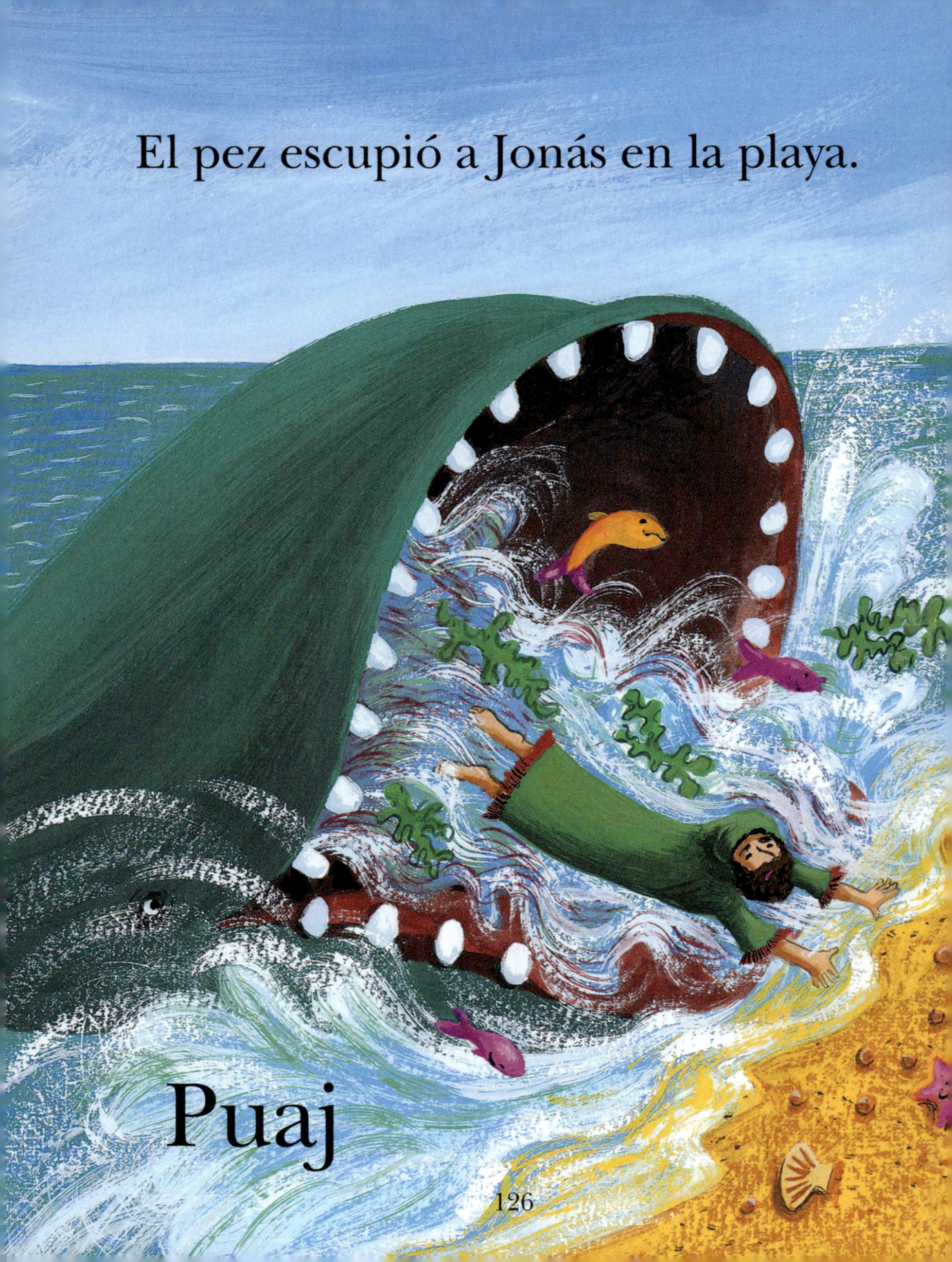

Puaj

Jonás fue directo a Nínive.

—¡Escuchen, habitantes de Nínive! —exclamó Jonás—. Esto dice Dios: ustedes han sido muy malos. En cuarenta días Dios destruirá su ciudad.

—¡Oh no! —dijeron los habitantes de Nínive—. ¡Ay! ¡No! ¡Auxilio!

El rey de Nínive reunió a todas las personas.

—Escuchen todos —anunció—. Debemos mostrar a Dios que estamos arrepentidos. Nadie debe comer. Todos deben vestir ropas ásperas que pican. Todos debemos orar a Dios. Sobre todo, debemos dejar de hacer lo malo. Así, tal vez Dios nos perdone.

—Estoy contento —dijo Dios—. Creo que los perdonaré.

Jonás oyó lo que Dios dijo y se enojó.

—Lo sabía, Dios —dijo—. Es lo que me temía.

Jonás salió de la ciudad enfurecido.

Encontró un lugar para sentarse. Quería ver qué iba a pasar.

El sol brilló.

«¡Uf! Hace calor aquí —dijo para sí—. Tengo que hacer un refugio».

Trabajó todo el día. El refugio era bueno, pero Jonás todavía tenía calor.

«Quisiera tener un poco de sombra —dijo—. ¡Oh, ahí hay una planta! Está creciendo delante de mis propios ojos».

Jonás observó cómo la planta crecía alrededor de su refugio. Miró cómo se abrían sus hojas. Eran enormes, y le daban una agradable sombra fresca.

«Esto es muy lindo —dijo Jonás—. Tal vez las cosas no están tan mal después de todo».

Al día siguiente, Jonás oyó un ruido.

¡Ñam,
ñam,
ñam!

Un gusano vino y se comió el tallo y las hojas. Al rato, la planta murió.

«¡Mi pobre planta! —exclamó Jonás—. Ahora no tendré sombra cuando caliente el sol».

El día se puso más y más caliente. «Es horrible este calor —dijo Jonás—. Quisiera estar muerto».

Entonces oyó hablar a Dios.

—¿Por qué te enojas por lo que pasó con la planta, Jonás? Yo fui quien la puso allí para ti. Tú no hiciste nada. Y aún así sientes compasión por ella.

—¡Pues así es! —dijo Jonás.

—Yo hice a la gente de Nínive —dijo Dios—. Son miles: adultos, niños, y todos sus animales. Siento compasión por ellos. Y por eso los voy a perdonar.

Daniel y los leones

Daniel era un hombre muy importante. Ayudaba al rey Darío a gobernar su imperio.

Él trabajaba duro, y era muy bueno en su trabajo.

—Creo que pondré a Daniel a cargo del imperio —dijo Darío.

Los otros hombres que trabajaban para Darío estaban muy enojados.

—¿Cómo es posible que Daniel tenga un mejor trabajo? —murmuraron—. ¡Cómo desearíamos que cometiera un error grave! Así podríamos deshacernos de él.

—Vean —dijo uno—. Tengo una idea. Oigan mi plan secreto.

Se juntaron y susurraron.

Luego se presentaron ante el rey Darío.

—Su Majestad —dijeron—. Viva usted por siempre. Usted es grandioso. Es maravilloso. Es como un dios.

—Muchas gracias —contestó Darío.

—Queremos que dicte una ley —dijeron los hombres—. Que nadie ore a otro que no sea usted. Si alguien desobedece la ley, que sea lanzado al foso de los leones.

—¡Qué magnífica idea! —dijo Darío—. Será una de mis grandes leyes que no puede ser cambiada.

Daniel oraba siempre a Dios.
En la mañana, oraba a Dios.
Al mediodía, oraba a Dios.
Al final del día, hacía esta oración:

Cuando me acuesto, duermo en paz.
Querido Dios, tú siempre me proteges.

Daniel no estaba solo. Los hombres con quienes trabajaba lo estaban observando.

Al día siguiente, fueron a ver al rey Darío.

—Su Majestad —dijeron—. Viva usted por siempre. ¿Recuerda la ley que dictó?

—La recuerdo —contestó Darío—. Es una ley muy estricta. Sin condiciones, sin excepciones, sin cambios.

—Así es —replicaron los hombres—. Y si alguien no la obedece, lo lanzarás al foso de los leones.

—Lo haré —dijo Darío. Luego, para añadir un poco de diversión, fingió que rugía. ¡Hurra…!

—Su Majestad —dijeron los hombres—. Daniel ha desobedecido la ley. Sigue orando a su Dios.

Darío dejó de hacer rugidos de león. Se veía muy triste.

—No quiero que se coman a Daniel —dijo—. Él es un buen trabajador. Él no está incluido en la ley.

—Lo sentimos, su Majestad —dijeron los hombres—. Pero usted NO PUEDE cambiar la ley.

Darío se angustió mucho.

—Déjenme pensar —dijo—. Voy a encontrar una manera para salvarlo de esa ley.

Estuvo pensando hasta el amanecer. Uno de los hombres vino a verlo.

—Daniel está haciendo sus oraciones del mediodía —dijo el hombre.

—Vete. Todavía estoy pensando —dijo Darío.

Estuvo pensando hasta que el sol se puso. Volvió a venir el mismo hombre.

—Daniel está haciendo sus oraciones de la noche —dijo el hombre.

—¡Rayos! —dijo Darío—. Daniel tiene que ir al foso.

Los soldados fueron a buscar a Daniel y lo arrojaron a los leones.

Darío vino a verlo.

—Todo es un error —explicó a Daniel—. Espero que tu Dios te guarde.

—Discúlpeme su Majestad —dijo un soldado—. Por favor, muévase. Voy a cerrar la entrada al foso. No queremos que nadie deje salir a Daniel, ¿no es así?

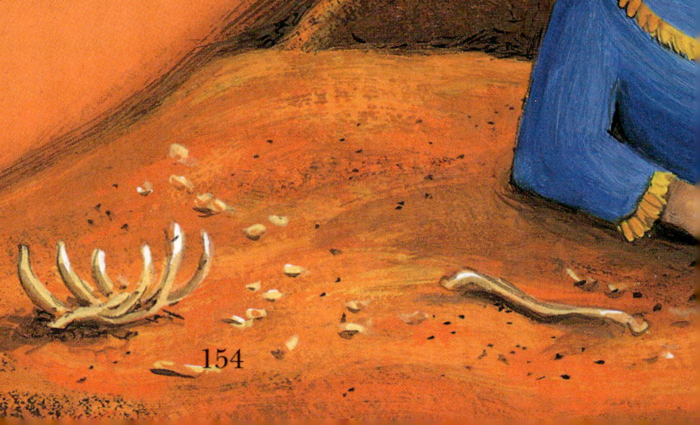

Darío no durmió esa noche.
—Ay, ay, ay —refunfuñaba.
Caminaba de un lado a otro.
—¿Quiere comer? —preguntó un siervo—. ¿O un poco de vino?

—No gracias —dijo el rey.

—¿Quiere que toque música para usted? —preguntó otro siervo.

—Dejen de intentar animarme —dijo Darío—. Solo me enfadan más.

Abajo en el foso, Daniel estaba sentado entre las sombras. No podía ver claramente, pero sabía con toda seguridad que alguien estaba con él. Quienquiera que fuese, parecía tener un poder especial sobre los leones.

Primero bostezaron con sus bocas inmensas y aterradoras. Luego rugieron suavemente, y se quedaron dormidos.

Tan pronto salió el sol, el rey fue corriendo al foso.

—¿Daniel? —llamó—. ¿Te ha salvado tu Dios?

—¡Viva su majestad para siempre! —contestó Daniel—. Dios envió un ángel que me salvó de los leones.

—¡Hurra! —exclamó Darío. Esta vez, no rugió.

Condujo a Daniel a un lugar seguro.

—Detengan ahora a los hombres que intentaron matar a Daniel —ordenó a los soldados—. Arrójenlos al foso.

Luego el rey Darío envió un mensaje a todos los habitantes de su imperio.

«No hay Dios como el Dios de Daniel. El Dios de Daniel es fuerte y obra milagros para salvar a las personas. Todos deben respetar al Dios de Daniel».

Daniel regresó a su trabajo, y lo hizo muy, muy bien.

La primera Navidad

Hace mucho tiempo, en la pequeña aldea de Nazaret, vivía una joven llamada María.

Ella creció creyendo en Dios y deseando hacer lo que es bueno y recto.

Mientras crecía, esperaba el momento de casarse. Todo estaba arreglado para que ella se casara con José.

Un día, un ángel le trajo un mensaje.

—Dios te ha bendecido —dijo el ángel—. Vas a tener un bebé: Jesús. Él hará cosas maravillosas. Las personas dirán que es el Hijo de Dios.

María estaba desconcertada.

—Todavía no me he casado —explicó.

—Nada es imposible para Dios —dijo el ángel.

—Haré con gusto lo que Dios quiere —respondió María.

A José le molestó oír la noticia de María.

—El bebé de María no es mío —dijo—. Tal vez no debería casarme con ella.

Esa noche, José tuvo un sueño. Un ángel le habló:

—Por favor cuida a María y a su bebé. Todo irá bien.

Poco después, José fue a buscar a María.

—Sí, todavía quiero que seamos marido y mujer —le dijo—. También sé que conoces el plan del emperador. Él quiere tener una lista nueva de todas las personas que viven en su imperio.

—Quiero que vayamos juntos a la aldea de Belén donde nací. Allí pondremos nuestros nombres en la lista, como una familia —continuó José.

Cuando llegaron a Belén, había un problema.

—Nadie tiene un lugar para nosotros —explicó José—. Tenemos que resguardarnos en un establo.

Esa noche nació Jesús, el bebé de María. Ella lo envolvió en tiras de tela.

—Este pesebre puede ser su cuna —dijo José.

En las montañas cercanas había unos pastores. Estaban cuidando sus ovejas.

Estaban pendientes de cualquier peligro. ¿Quién sabe qué se escondía entre las sombras?

De repente, el cielo se iluminó.

Un ángel apareció.

—No se asusten —dijo el ángel—. Tengo buenas noticias. Ha nacido un bebé en Belén. Él traerá las bendiciones de Dios a todo el mundo. Vayan y encuéntrenlo. Está durmiendo en un pesebre.

Entonces aparecieron más y más ángeles, y todos cantaban a Dios.

De repente, los ángeles desaparecieron. Todo estaba oscuro otra vez.

—Vamos a Belén —dijeron los pastores.

Fueron y encontraron a María, a José y al bebé.

Encontraron todo tal como el ángel había dicho.

No muy lejos de allí estaba la ciudad de Jerusalén. Unos hombres sabios habían hecho un largo viaje hasta allí para ver al rey.

—Estamos siguiendo una estrella —dijeron—. La estrella brilla porque un nuevo rey ha nacido. ¿Está él aquí?

El rey negó con su cabeza. Estaba preocupado.

—Hay una vieja historia que dice que el rey más grande de todos los tiempos nacerá en Belén —dijo—. Yo quiero ir allá. Si encuentran al nuevo rey, no olviden decirme dónde está.

Los hombres sabios salieron hacia Belén.

—Espero que este sea el camino correcto —dijo uno.

—¡Oh, miren! —exclamó el segundo—. ¡Aquí está de nuevo nuestra estrella!

—Me alegra que hayamos venido —dijo el tercero—. Creo que hemos sido muy sabios.

La estrella brilló sobre una pequeña casa en Belén.

Los hombres sabios entraron. Vieron a María y a su bebé.

—¡Este es el rey que estábamos buscando! —dijeron.

Le dieron regalos: oro, incienso y mirra.

Esa noche todos soñaron lo mismo. Un ángel les dijo que no regresaran a ver al rey. Acordaron ir por un camino diferente.

Al poco tiempo, José vino corriendo a María y a Jesús.

—Los amo mucho —dijo—. Pero tuve un sueño que me tiene preocupado. Temo que ya no estamos seguros aquí en Belén. Tenemos que irnos de inmediato.

Los tres emprendieron el viaje.

María abrazó fuerte a Jesús. Después de todo lo que había sucedido, ella estaba segura de una cosa: su bebé era en verdad el Hijo de Dios, y ella lo mantendría a salvo.

Jesús y los pescadores

Jesús creció en Nazaret.

Como todos, iba a la sinagoga cada semana.

Escuchaba al maestro leer los libros sagrados.

Escuchaba al maestro hablar de Dios.

Cuando Jesús fue adulto también se convirtió en maestro.

La gente de otras aldeas le invitaba a enseñar en sus sinagogas.

Allí leía los libros sagrados.

Hablaba acerca de Dios y de su amor.

Más y más personas querían oír sus enseñanzas. Jesús empezó a pasar cada día enseñando.

Un día, Jesús estaba enseñando junto al lago de Galilea. Muchas personas vinieron para escucharlo. Las personas que estaban atrás no podían verlo.

Jesús vio dos barcos de pesca en la playa.

—Por favor permítanme usar un barco —dijo Jesús a los pescadores—. Yo subiré y ustedes lo empujarán hacia el agua. Así todos podrán verme.

Al final del día, Jesús llamó a uno de los pescadores.

—Simón, ven y echa tus redes al agua. Tú y tus amigos pescarán muchos peces.

—Oh, no —dijo Simón—. No pescamos ni uno solo anoche.

—Inténtalo —dijo Jesús.

Pescaron más peces de lo cabía en sus redes.

De repente, los pescadores sintieron temor de Jesús.

—No creo que sea lo bastante bueno para ser tu amigo —dijo Simón.

—Yo quiero que todos ustedes sean mis amigos —dijo Jesús—. Ustedes son muy buenos juntando peces en las redes. Quiero que ahora me ayuden a juntar personas, gente que quiera ser parte de la familia de Dios.

Los pescadores vinieron: Simón y su hermano Andrés, Santiago y su hermano Juan.

Más adelante, Jesús escogió a ocho ayudantes más. En total, fueron doce amigos especiales.

Jesús y sus amigos viajaban muchas veces en barco. Así era fácil llegar a otras aldeas a orillas del lago de Galilea.

Jesús quería enseñar en muchos lugares.

Una noche, Jesús y sus amigos salieron en barco.

Los pescadores estaban a cargo de la navegación del barco.

Jesús se acostó con su cabeza en una almohada. Pronto se quedó dormido.

En la noche, empezó a soplar un viento fuerte.

Sopló sobre el agua formando olas.

El viento y las olas azotaban el barco. Los amigos de Jesús estaban muy asustados.

—¡Jesús, despierta! —gritaron—. Tienes que ayudarnos o moriremos.

Jesús se puso de pie en el barco.

Habló al viento: «¡Silencio!».

Habló a las olas: «¡Cálmense!».

De inmediato, el lago volvió a la calma.

—¿Por qué tenían miedo? —preguntó Jesús—. ¿Acaso no tienen fe en Dios?

Los ocho amigos miraron a los cuatro pescadores.

—¿Esa les pareció una tormenta aterradora? —preguntaron.

—Sí —respondieron los pescadores—. Pero no tan aterrador como lo que hizo Jesús.

Todos empezaron a preguntarse lo mismo: ¿Quién puede ser Jesús? ¿Cómo puede hacer milagros como ese?

Jesús y la oración

Un día, Jesús vio las multitudes que habían venido a verle.

Fue hasta la cima de una montaña cerca del lago de Galilea.

Todos se sentaron a escuchar.

—¿Están aquí porque quieren ser amigos de Dios? —preguntó—. Si es así, pueden sentirse en verdad felices. ¡Dios los recibe en el reino de los cielos!

«Los amigos de Dios deberían desear siempre hacer el bien, incluso a aquellas personas que les desagradan. Incluso a quienes son crueles con ellos».

«Los soldados romanos pueden mandarnos cargar sus pesados paquetes por una milla entera. Cuando eso suceda, ofrézcanse a cargarlos por dos millas».

«Dediquen tiempo para orar a Dios a solas. Digan esto:

Padre nuestro que estás en el cielo,
santificado sea tu nombre,
venga tu reino,
hágase tu voluntad
en la tierra como en el cielo.
Danos hoy nuestro pan de cada día.
Perdona nuestras ofensas
como también nosotros perdonamos
a los que nos ofenden.
No nos dejes caer en tentación
mas líbranos del mal».

«Siempre deben perdonar a los demás, aun cuando hayan sido muy malos con ustedes. Así pueden estar seguros de que Dios los perdonará».

«No malgasten su tiempo tratando de ser ricos. Dios siempre les dará todo lo que necesiten. Miren los pájaros. Ellos no siembran semillas ni recogen cosechas. Aun así, Dios cuida de ellos».

«Miren las flores. No pasan su tiempo hilando y cosiendo. Aun así, sus pétalos son más hermosos que los vestidos más finos. Dios cuida de los pétalos que duran un día. Dios cuida aun más de ustedes».

«Veo que todos están oyendo, y eso está bien. Pero también deben hacer lo que yo digo».

Entonces Jesús les contó una historia acerca de dos hombres que querían construir sus casas.

—Quiero mi casa ahora mismo —dijo uno—. Este suelo arenoso junto al río es fácil de excavar. No tendré que cargar mis materiales de construcción desde lejos.

Su casa quedó lista en muy poco tiempo. Disfrutó de un verano agradable y tranquilo.

—Quiero que mi casa dure —dijo el otro—. Construiré mi casa aquí arriba en la roca.

Fue mucho trabajo. Tuvo que romper la piedra con un martillo para hacer los cimientos.

Tuvo que cargar sus materiales de construcción hasta lo alto de la roca.

Cuando terminó, el verano ya había pasado.

Entonces vino el invierno: el viento soplaba helado, la lluvia silbaba al caer.

El río creció y creció.
Se desbordó.
En poco tiempo el agua rodeó la casa sobre la arena.

De repente, una ola descendió del río, y arrasó la casa por completo.

—Oh, ¡cuán necio fui! —se lamentó el hombre.

Arriba, en la roca, el otro hombre asintió con tristeza.

—Creo que tomé una decisión sabia —dijo—. Mi casa está segura. En realidad va a durar. Las tormentas no la alcanzarán.

Jesús miró a las multitudes.

—Si ustedes oyen lo que yo digo y luego lo olvidan, entonces son como el hombre necio. Pero si oyen lo que digo y me obedecen, son como el hombre sabio. Harán cosas maravillosas con su vida, y Dios los bendecirá.

Jesús y el milagro

Un día, Jesús fue a la ciudad de Capernaúm. La noticia se difundió rápidamente.

—¡Miren! ¡Jesús está aquí! Se está hospedando en la misma casa que antes. Toda clase de gente va a oírlo. ¡Apresúrense! No queda mucho espacio.

Una madre y su hija miraban cómo las multitudes corrían a prisa.

—¿Por qué llevan a ese hombre en una camilla calle abajo? —preguntó la niña.

—El pobre hombre no puede caminar —contestó su madre—. Pero me pregunto ¿a dónde lo llevarán? Oh, ¡creo que ya lo sé!

—Quieren ver a Jesús. ¡Mira a las multitudes que han venido a verlo! Todos dicen que Jesús puede obrar milagros —dijo la madre de la niña—. Creo que los hombres quieren que Jesús sane a su amigo.

—Pero ¿cómo pueden llegar hasta Jesús? —preguntó la niña—. La casa está llena. Nadie quiere dejarlos entrar.

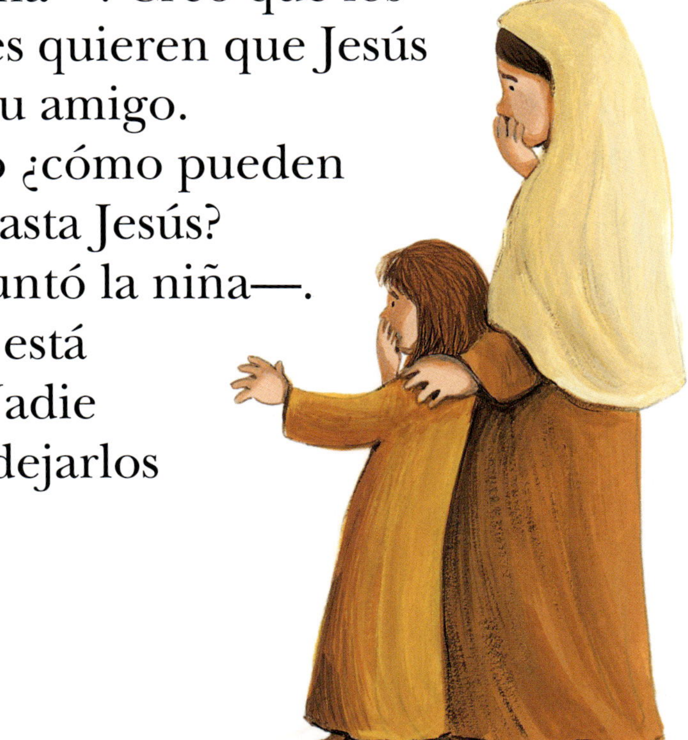

Los cuatro hombres también estaban desconcertados.

—No podemos entrar por la puerta —dijo uno.

—No podemos ACERCARNOS a la puerta —dijo el segundo.

—Y esos escalones solo conducen al techo —dijo el tercero.

—¡VAMOS AL TECHO! —dijo el cuarto.

El techo era plano. Los hombres empezaron a abrir un hueco en el techo.

—¿Cuál es el plan? —preguntó el hombre en la camilla.

—El plan es llevarte hasta Jesús —dijeron los amigos.

En poco tiempo habían hecho un agujero grande.

Uno de los hombres trajo una cuerda.

Ataron un pedazo de cuerda a cada esquina de la camilla.

—Ahora debemos actuar rápido —dijo otro hombre—. Listos, ¡VAMOS!

Habían hecho un agujero que atravesó todo el techo.

Bajaron a su amigo en la camilla.

—Veo gente sonriendo —dijo uno de los hombres en el techo.

—No veo a todo el mundo sonriendo —dijo otro.

Jesús le habló al hombre en la camilla.

—Tus pecados te son perdonados —dijo.

Los que estaban junto a Jesús empezaron a murmurar.

—¿Oyeron eso? Jesús dijo al hombre que le perdonaba todo lo malo que había hecho.

—Oh, oh. Solo Dios puede perdonar así.

—Jesús no es un verdadero maestro. Nosotros sí lo somos. Nosotros sí sabemos lo que es correcto.

Jesús miró a los maestros.

—Yo sé lo que ustedes piensan —dijo—. A ustedes les molesta que yo diga «tus pecados te son perdonados». Pero yo voy a demostrarles algo. Lo que yo digo realmente viene de Dios.

Se volvió hacia el hombre en la camilla.

—¡Levántate, toma tu camilla, y vete a tu casa!

El hombre en la camilla podía ver el rostro amable de Jesús.

Podía ver el rostro enojado de los maestros.

Podía ver a sus amigos que le saludaban desde arriba.

Sabía que debía tratar de moverse.

En efecto, se sentó.
Se puso de pie.
Dio un paso. ¡Luego bailó un poco alrededor de la camilla!
Se inclinó y enrolló su camilla.
—Nos vemos afuera —le dijeron sus amigos.

—¡Gracias, Dios! ¡Gracias, Jesús! ¡Gracias, amigos! —decía el hombre cantando.

—¡Viva! ¡Hurra! —exclamaron sus amigos.

—Mira —dijo la niña a su madre—. Ahora el hombre lleva su camilla. Puede caminar muy bien.

—Entonces Jesús realmente puede sanar —dijo su madre—. Con razón la gente cree que es el Hijo de Dios.

La oveja perdida

Un día, una multitud vino a escuchar a Jesús.

Había toda clase de gente.

Algunos eran ricos. Otros eran pobres.

Algunos obedecían siempre la ley.

Otros se metían siempre en problemas.

Algunos hombres eran orgullosos.

—¿Saben qué me molesta de venir a ver a Jesús? —susurró uno de ellos—. Siempre terminamos sentándonos al lado de la persona equivocada.

—Lo sé —respondió otro—. Parece que a Jesús le agradan esas personas. Me pregunto si quizás él es también la persona equivocada.

Jesús sabía lo que ellos pensaban.
Empezó a contarles esta historia.
Había una vez un hombre que tenía
100 ovejas.

Cada noche, contaba sus ovejas mientras las guardaba en el redil.

—Quédense dentro —solía decirles—. No quiero que los animales salvajes se las lleven lejos. Si alguno se acerca, aquí estaré para ahuyentarlo.

Cada mañana, contaba sus ovejas mientras las sacaba del redil.

—Vamos —acostumbraba decirles—. Debemos bajar al río donde pueden beber agua.

Durante el día, contaba sus ovejas mientras las guiaba a pastos verdes.

—¡Vaya! —dijo un día—. Creo que me confundí en la cuenta.

—Solo conté 99. Voy a contar de nuevo.

Contó con mucho cuidado. Por desdicha, solo quedaban 99 ovejas.

—Oh, no —dijo, tomando su vara de pastor—. Tendré que salir y buscar a mi oveja perdida.

Dejó los campos verdes y subió a las montañas. Miró entre las rocas. Buscó entre los arbustos de espinas.

Buscó por todas partes.

Al fin encontró a su oveja perdida. Estaba dichoso.

La puso sobre sus hombros y la llevó de vuelta al rebaño.

Al volver a casa ese día, llamó a sus amigos.

—¡Miren! Esta es la oveja que había perdido. La encontré. Vengan esta noche a mi casa. Haré una fiesta.

Jesús miró a los hombres orgullosos. Miró también a las personas que siempre parecían estar en problemas.

—Dios es como ese pastor —dijo Jesús—. Dios se preocupa por las personas que se equivocan. Dios las busca, para que puedan volver a ser parte de la familia de Dios.

—Cuando eso sucede —dijo Jesús—, los ángeles del cielo se ponen muy felices.

La primera Pascua

Se acercaba la hora de la gran fiesta del año.

—Vamos a Jerusalén —dijo Jesús a sus amigos—. Es el mejor lugar donde podemos pasar la fiesta.

Jesús entró en la ciudad montado en un burro. La gente empezó a susurrar.

—¡Miren! Jesús está entrando en Jerusalén. ¡Parece un rey!

—¡Dios bendiga al rey! —gritó alguien. Todos empezaron a aclamarle.

Cortaron ramas de los árboles y las agitaban como banderas.

Jesús entró por la puerta de la ciudad que conducía al templo.

El templo parecía un mercado. Incluso había animales para vender.

—Todo esto está mal —dijo Jesús a los vendedores—. ¡Salgan de inmediato! El templo debe ser un lugar de oración. Ustedes solo quieren hacer dinero.

Jesús los echó a todos fuera.

Las personas encargadas del templo se enojaron.

—Jesús causa problemas —se quejaron—. ¿Cómo podemos deshacernos de él?

Poco después, un hombre llamado Judas vino a verlos. Se suponía que él era uno de los mejores amigos de Jesús.

—Yo puedo decirles cuándo es un buen momento para que se lo lleven —susurró.

Llegó la hora para la cena de la fiesta. Había pan y vino sobre la mesa. Jesús tomó un poco de ambos y lo repartió a sus doce amigos.

—Esta noche, Dios hace una promesa —les dijo.

—Es una promesa para todos los que me siguen y me obedecen. Un día, ustedes comerán y beberán en mi mesa en mi reino.

Sus amigos no entendieron. Solo hablaban ruidosamente. Excepto Judas, que se escabulló.

Después de la cena, Jesús y el resto de sus amigos fueron a un monte tranquilo. Era de noche. Los olivos proyectaban sombras oscuras.

Solo y en voz baja, Jesús oró a Dios.

«Sé que van a suceder cosas terribles —oró—. Desearía que hubiera otra manera de solucionar esto… pero no la hay».

De repente, llegó Judas.
Y junto con él, algunos encargados y guardias del templo.

Se llevaron a Jesús. Pagaron a otros hombres para que dijeran mentiras acerca de él y para declarar que había hecho cosas malas.

Luego lo entregaron al gobernante de Jerusalén, que se llamaba Poncio Pilato.

—Este Jesús es un rebelde, hace cosas malas —dijeron—. Debe morir.

En realidad, Pilato no les creía.

—¿Eso es lo que ustedes y el pueblo realmente quieren?

—Sí —gritaron todos—. ¡Crucifícalo!

Pilato dio la orden para que mataran a Jesús.

Los soldados se llevaron a Jesús y lo clavaron a una cruz.

Desde la cruz, Jesús oró: «¡Perdónalos, Padre! Ellos no saben lo que hacen».

Miró a las personas que estaban cerca. Allí estaba María su madre, y junto a ella su fiel amigo Juan.

—Por favor cuida a mi madre cuando yo no esté —dijo Jesús.

Juan asintió, y rodeó a María con su brazo.

Pasaron las horas. Jesús murió en la cruz. Un hombre llamado José vino y se llevó el cuerpo.

Él y sus ayudantes lo pusieron en una tumba que era como una cueva.

La puerta de la tumba era una piedra redonda. Ellos la rodaron y la tumba quedó cerrada.

Tenían que apresurarse, porque el día de descanso semanal empezaba al atardecer.

Después del día de descanso
era domingo.
Algunas mujeres que
habían seguido a Jesús
regresaron a la tumba.

—¿Qué pasó? —exclamaron—. ¿Por qué está abierta la puerta? ¿Por qué está vacía la tumba?

De repente, aparecieron dos personas con vestidos resplandecientes.

—Jesús no está aquí —dijeron—. Está vivo otra vez.

Al rato, lo vieron vivo otra vez.

—Mi obra ha terminado —dijo Jesús—. Ustedes han oído todo lo que les he enseñado acerca de Dios. Han visto milagros. Me han visto vivo otra vez. Ahora deben ir y contarle al mundo todo lo que han aprendido. Dios les dará sabiduría y valor.

Luego dijo una oración para bendecirlos y fue llevado al cielo.

Los seguidores de Jesús no se sentían sabios ni valientes. Querían esconderse en las casas.

Entonces vino la fiesta llamada Pentecostés. Temprano en la mañana, cuando estaban encerrados juntos, oyeron un ruido como un viento fuerte que soplaba.

Vieron algo parecido a llamas de fuego que se movían sobre sus cabezas.

De repente, se sintieron completamente seguros de que Dios estaba con ellos.

Salieron de prisa a contar a todo el mundo acerca de Jesús y su mensaje.

La noticia se sigue contando por todas partes.